엔크리스토 제자양육 성경공부 5 – 사역과정

이대희 지음 | 바이블미션 편

변화된 사람

KB206268

엔크리스토
ENCHRISTO

말씀으로 삶을 변화시키는
한국형 제자양육 교재

혼탁한 시대일수록 확고한 제자의식과 말씀이 생활 속에 나타나도록 하는 훈련이 필요합니다.

많은 성경공부 교재들이 나와 있지만 자아의식을 높이고 말씀을 연구하며 묵상하고 실천하며 생활이 변화되도록 하는 양육교재는 그리 많지 않습니다.

귀납적 방법과 이야기대화식 방법을 적용한 엔크리스토 제자양육 성경공부는 한국 상황에 맞는 성경공부 교재입니다. 일대일과 소그룹을 통하여 스스로 공부할 수 있도록 하고 말씀 속으로 깊게 들어가게 하는 점에서 매우 흥미 있는 교재입니다. 또 말씀을 삶의 실천까지 이끄는 특징을 가지고 있는 전인적 양육교재입니다. 교사나 지도자에게만 의지하지 않고 스스로 성경을 배우고 조용히 은혜의 말씀 속에 잠겨 보면서 말씀의 능력을 경험할 수 있으리라 여겨집니다.

한국 교회는 말씀의 생활화를 위해 크게 힘써야 할 새로운 시대를 맞이하고 있습니다. 이 성경공부 교재가 성령의 인도하심 가운데 그리스도인 한 사람 한 사람을 제자의 삶으로 변화시키기를 소원합니다. 그리하여 한국 교회가 말씀으로 성장하며 아울러 사회와 민족이 말씀으로 새롭게 변화되는 데 귀하게 쓰이기를 기도합니다.

장로회신학대학교 대학원장, 명예교수
주선애

말씀을 통한 자연스러운
사람의 성장을 꿈꾸며

포스트모던 시대에 접어든 현대 사회는 하루가 다르게 급변하고 있습니다. 무엇보다도 물질주의, 이기주의로 인하여 인간의 존엄성이 사라지고 있고 세속화, 비인간화가 교회까지 침투하여 교회가 점차 위기를 맞고 있습니다. 우리는 날이 갈수록 무엇이 진리인지 알 수 없는 애매모호한 시대 속에서 살고 있습니다.

최후의 보루인 교회마저도 한 사람의 가치보다는 보이는 건물과 물질에 끌려가고 있는 실정입니다. 이렇게 된 요인은 절대적인 진리인 성경에서 멀어졌기 때문입니다. 우리 주위를 보면 사람과 교회가 말씀의 성장보다는 세상적인 유행이나 인위적이고 물질적인 성장의 흐름이 주도하고 있는 듯합니다. 지금 교회와 그리스도인은 내부에서 성장의 힘을 찾기보다는 외부에서 성장의 힘을 찾으려는 유혹에 직면해 있습니다.

교회는 인간의 경험과 생각이 아니라 말씀이 이끌어가야 합니다. 교회의 목적은 말씀을 생활화하는 것입니다. 그러면 자연히 교회는 성장하고 부흥하며 사회에서 영향력을 끼칠 수 있을 것입니다. 과정을 무시하고 빠른 속도로 이끌어 내는 인위적인 성장보다는 조금 느리더라도 과정을 거치면서 자연스럽게 유기적 성장의 모습을 추구하는 것이 모든 교회의 소망입니다. 성령의 역사로 교회가 자라가고 흥왕한다면 세상 사람들에게 칭찬 받는 능력의 교회가 될 것입니다.

이것을 위해서 각 그리스도인들에게 말씀의 생명력을 불어넣는 일이 중요합니다. 이런 지속적인 과정을 통하여 점차 구원 받는 자가 날마다 늘어나는 기적의 역사가 한국 교회 속에 일어나기를 소원합니다. 일시적인 성공 프로그램이 아닌 말씀을 통한 교회 성장을 꿈꾸어 봅니다.

본 양육교재는 "엔크리스토 성경공부" 라는 이름으로 한국교회에 소개되어 많은 사람들에게 사랑을 받았던 교재를 기초한 성경교재입니다. "엔크리스토 성경공부" 는 20여 년 전, 마땅한 한국적 성경 교재가 없었던 시기에 젊은이와 청년들을 변화시켰던 성경교재입니다. 필자는 말씀을 통해 변화되는 사람들을 보면서 말씀의 힘이 얼마나 위대한지를 직접 경험했고, 그것이 지난 20여 년 동안 성경공부 교재 집필과 말씀을 전하고 가르치는 사역을 어려운 가운데서도 지속적으로 하게 된 원동력이 되었습니다. 지금도 필자는 이 성경교재로 은혜를 받고 성장한 사람들의 이야기들을 종종 접하고 있습니다. 20여 년이 지난 지금, 말씀을 통해 생명의 역사를 일으켰던 그 정신과 힘을 계속 이어간다는 의미에서 이번에 새롭게 내용을 구성하고 보완하여 한국교회 토양에 적합한 제자양육 성경공부 교재를 두려운 마음으로 다시 내놓게 되었습니다.

"성경으로 돌아가자"는 구호는 지금 한국교회에 아주 적합한 말입니다. 이런 저런 프로그램과 내용으로 사람과 교회를 변화시키려 하지만 결국은 성경밖에 없다는 결론에 이르게 됩니다. 사람마다 시기의 차이만 있을 뿐 결국 우리 모두가 이르게 될 종착점은 성경입니다. 시대와 상황에 상관없이 성경공부를 통한 제자양육은 아무리 강조해도 지나치지 않습니다. 성경공부는 단순히 책을 배우는 지식공부가 아닙니다. 말씀이신 하나님과 말씀이 육신이 되신 예수님과 오늘도 진리로 인도하시는 성령님을 체험으로 알아가는 전인적인 하나님 공부입니다.

2000년 전 초대교회는 전적으로 말씀의 힘을 받아 부흥했습니다. 100여 년 전에

불었던 한국교회의 부흥의 역사도 말씀을 통한 부흥이었습니다. 지금의 한국교회는 잠깐 유행하는 프로그램에 이리저리 끌려다녀 시간을 소비하기보다는 성경에 더욱 충실해야 할 것입니다. 아무쪼록 이 양육교재가 그런 일에 조금이라도 보탬이 되기를 소원합니다. 다음 세대에 물려줄 것은 오직 말씀뿐입니다. 이 교재를 통해 성경으로 돌아가며 각자 말씀의 위대한 능력을 경험하는 일이 한국교회에 새롭게 일어나기를 기도합니다. 이런 말씀의 부흥은 시대와 상관없이 다음 세대에도 계속 이어질 것입니다.

지금까지 20여 년 동안 필자와 함께 일대일과 소그룹, 다양한 교회현장에서 말씀을 나누었던 이름을 기억할 수 없는 수많은 사람들, 각자 주어진 현장에서 주님의 제자로 살아가고 있을 사람들, 말씀을 함께 나누면서 마냥 행복해했던 많은 형제와 자매들, 성도들, 학생들에게 감사드립니다. 이들은 지금까지 저에게 힘을 부어 주었던 너무나 소중한 사람들입니다. 이 자리를 빌어 감사의 인사를 전합니다. 특히 외로운 말씀의 길로 달려가는 데 늘 위로와 격려, 기도로 힘을 더해 준 착한 아내 채금령 님에게, 그리고 아버지의 일을 이해하고 잘 따라준 샘과 기쁨에게도 고마움을 전합니다. 그동안 말씀의 길을 가도록 멘토로 한결같이 이끌어 주신 은사 주선애 교수님과 어려운 가운데서도 말씀의 소중함을 가지고 한국교회의 말씀 사역을 위해 지원과 힘을 더해주시고 있는 엔크리스토 박종태 사장님에게 깊은 감사를 드립니다.

오직 하나님께 영광을 올리면서
저자 **이대희**

유 기 적 교 회 섬 김 조 직 표

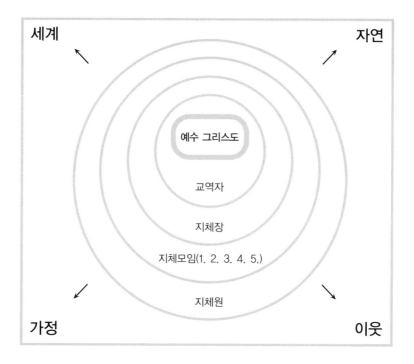

세계 자연

예수 그리스도

교역자

지체장

지체모임(1. 2. 3. 4. 5.)

지체원

가정 이웃

- 엔크리스토 제자양육 조직은 상하명령식인 라인조직이 아닌 상호 유기적인 교제가 이루어지는 원형 조직입니다. 머리되신 예수 그리스도를 중심으로 모두가 그리스도의 몸된 공동체를 이루는 교회 모습을 지향합니다. 유기적인 원형조직에서는 머리이신 예수 그리스도 이외는 높고 낮음이 없이 모두 평등합니다. 모두가 그리스도 안에서 만인 제사장입니다. 그러나 그리스도의 몸 안에서 분량에 맞는 역할과 책임이 있다는 면에서 서로 다릅니다.
- 그리스도, 교역자, 지체장, 지체모임, 지체원은 각자 분리된 것이 아니라 서로 긴밀히 연결된 유기적 관계이며 하나의 생명체입니다. 개인이 아닌 몸된 교회입니다. 세상으로 나갈 때는 각 개인(지체들)으로 가정, 이웃, 세계, 자연 속에서 사명을 감당하지만 결과적으로는 몸된 교회로서 움직이는 것입니다. 교회와 지체와 나는 분리될 수 없는 하나입니다. 교회의 영광이 곧 나의 영광이며 나의 영광이 곧 교회의 영광인 하나된 구조입니다.

그리스도와 공동체가 맺은 공동체 약속

    나는 예수 그리스도가 나의 구주되시며, 주님은 나에게 힘을 주시는 분인 줄 믿습니다.

    나는 주님의 제자가 되는 제자양육 과정을 통하여 주님이 원하시는 충실한 제자가 될 줄 기대하며 믿습니다.

    나는 하나님의 말씀을 배우면서 주님을 닮은 자가 되기 위하여 다음에 대한 것을 성실히 지킬 것을 주님과 지체원들에게 약속합니다.

1. 시간을 꼭 지키며 모임에 빠지지 않도록 합니다.
   (불가피할 경우 사전에 연락하며 보충을 받도록 합니다)
2. 이 과정을 마칠 때까지 모임과 지체원들을 위하여 일주일에 한번 이상 기도합니다.
3. 이 과정을 성실히 마치도록 돕는 기도후원자를 둡니다.
   (기도후원자 이름: 관계:)
4. 매과의 해당 성경본문을 3번 이상 읽고 교재를 준비해 옵니다.

200   ,   ,

이름:

서명:

엔크리스토 제자양육 성경공부는 하나님의 말씀을 통해 그리스도의 제자로 양육하는 특징을 가지고 있습니다. 어느 한부분이 아닌 전인적인 측면에서 제자를 양육하는 한국토양에 맞는 제자양육 과정입니다.

특징

1. 교회와 생활을 변화시키는 새로운 패러다임의 통합형 전인 제자양육 과정입니다

복음 소개와 전도, 일대일 양육, 말씀공부, 영성훈련의 4가지 과정을 하나로 통합한 제자양육 과정으로 기존의 성경공부 중심으로만 되어 있는 제자과정을 뛰어넘는 새로운 형태의 통합형 전인적 제자양육입니다.

2. 제자양육의 핵심인 성경공부는 본문을 중심으로 한 귀납적 성경공부와 이야기대화식 성경공부를 통합한 성경공부입니다

기본적으로 관찰, 해석, 적용의 과정을 거치면서 실천에 이르게 하는 특징을 가지고 있습니다. 또한 이야기와 대화식을 통하여 생동감 있는 말씀으로 생활에 적용하는 가장 효과적인 성경공부 방법을 사용하고 있습니다.

3. 제자양육을 위한 소그룹과 나눔을 사용한 제자 양육과정입니다

일방적인 주입식 공부가 아니라 소그룹에서 서로 나눔을 통하여 말씀의 깊이를 알아가며 그것을 생활에 적용하는 제자양육 과정입니다.

4. 양육의 핵심은 성경공부를 중심으로 하되 이것을 실천하는 영성훈련 과정을 통해 전인적이고 실제적인 제자양육을 하는 과정입니다

　　영성훈련의 과정은 일회적이 아닌 지속적으로 반복하여 훈련할 수 있게 구성했으며 실제적으로 활용할 수 있는 방법들을 제시했습니다.

　　5. 신앙의 기초와 뼈대와 성장과 열매를 맺는 생명의 과정으로 자연스럽게 복음과 말씀을 만나 주님을 닮아가는 제자양육 과정입니다

　　생명체인 식물처럼 자연스러운 신앙과 유기적인 교회 성장을 기할 수 있도록 구성이 되었습니다. 교재 내용을 그대로 따라서 과정을 이수하다 보면 자연스럽게 생활에 익숙해지는 양육의 특징을 가지고 있습니다.

　　6. 제자로서 꼭 알아야 할 가장 중요한 신앙의 핵심과 뼈대를 중심으로 구성되었습니다

　　주님의 칭찬을 받는 제자와 신앙이 자라기 위해서 꼭 필요한 영양분과 같은 내용으로 구성되었습니다. 신앙의 핵심을 이해하면서 신앙의 기초를 든든히 하며 신앙 성장을 이룰 수 있습니다.

　　구성

　　제자양육을 만드는 전체과정은 크게 네 가지 과정으로 구성이 되었습니다.

　　1. 복음소개-비전 품기-전도 과정(1권)
　　2. 일대일양육-토양 가꾸기-기초과정(2권)
　　3. 말씀양육-뼈대와 성장과 열매 맺기-양육과정(3-6권)
　　4. 영성훈련-거름주기-영성과정(7권)

소그룹 속에서 행해지는 각과 성경공부 과정은 크게 다섯 단계를 염두에 두고 구성되었습니다.

- **도입-마음 열기**
  1단계-솔직하고 겸손한 마음을 가지라
- **말씀의 살핌-말씀을 듣고 받기-** `관찰`
  2단계-말씀을 들으라
  3단계-나의 말씀으로 받으라

- **말씀의 깨달음-말씀을 깨닫기-** `해석`
  4단계-말씀의 의미를 깨달으라

- **말씀의 적용-말씀을 적용하기-** `적용`
  5단계-깨달은 말씀을 적용하라

- **실천을 위한 묵상-실천과 결단 하기-** `실천`
  6단계-적용된 말씀을 삶에서 실천하라
  인내하면서 나가면 때가 되면 30배, 60배, 100배 열매를 맺는다.

복음과 만남과 일대일 양육 과정은 처음 제자훈련할 때 시행할 수 있는 **일회 과정**입니다. 그러나 영성훈련은 **평생 과정**입니다. 상황에 따라 이 부분을 현장에서 적절하게 사용하면 큰 유익이 될 것입니다.

교 재   사 용 법

1. 본 제자양육 성경공부는 주로 귀납적 방법과 이야기대화식 방법을 사용함으로 필자의 책을 참조하여 미리 이해하면 유익합니다. (이야기대화식 성경연구(엔크리스토 刊))

2. 본 제자양육은 설교식이나 일방적 강의가 아니라 함께 토의를 하면서 해답을 찾아가는 것이며 오늘 주시는 하나님의 음성을 듣는 것입니다.

가능하면 미리 해답을 말하기보다는 점차 밝혀지는 방향으로 나아가야 합니다.

3. 본 제자양육 성경공부는 전인적인 삶에 목표를 두면서 머리와 가슴과 발과 손을 통합한 전인적인 의미에서 제자양육입니다.

4. "영성훈련" 과정은 수시로 사용할 수 있고 과정 중에 사용할 수도 있습니다. 영성훈련은 서로 도와주고 이끌어 주면서 생활 속에서 훈련해야 합니다. 이것은 제자양육이 자칫 성경공부로만 그치는 것을 극복하게 합니다.

이런 영성훈련 과정을 통하여 성경을 구체적으로 적용하는 능력이 생기게 됩니다. 그러므로 이것은 맨 마지막 과정에 사용하기보다는 중간 중간 필요한 상황에 따라 수시로 사용하는 게 좋습니다. 또한 과제 등으로 내줄 수 있습니다.

5. 본 제자양육 과정을 공부하기 위해서는 한 그룹을 "○○지체"라 부르고 구성원은 "○○지체원" 전체를 "○○ 교회공동체"라 부릅니다. 모임을 총괄하는 사람은 "지체장", 성경과 양육을 담당하는 사람은 "교사"라고 부릅니다. 지체장은 전체적인 내용, 즉 봉사와 모임과 지체들과의 관계 등을 채워주고, 교사는 그 날 주어진 말씀과 신앙생활을 주로 가르칩니다. 기존의 소그룹을 그리스도의 몸의 측면에서 이해하는 유기적인 조직으로서 오가닉 교회의 모습입니다.

7 영성훈련 | 거름주기-영성 |

1. 말씀(시편)기도
2. 경건의 시간(큐티)
3. 관계훈련
4. 성경통독
5. 대화기도
6. 말씀찬양
7. 홀로시간
8. 중보기도
9. 찬송기도
10. 듣고 말하는 기도
11. 식탁의 사귐
12. 영적독서
13. 섬김훈련
14. 사랑의 실천
15. 전도훈련
16. 복음현장 탐험
17. 리트릿수양회

엔크리스토 제자양육과정표

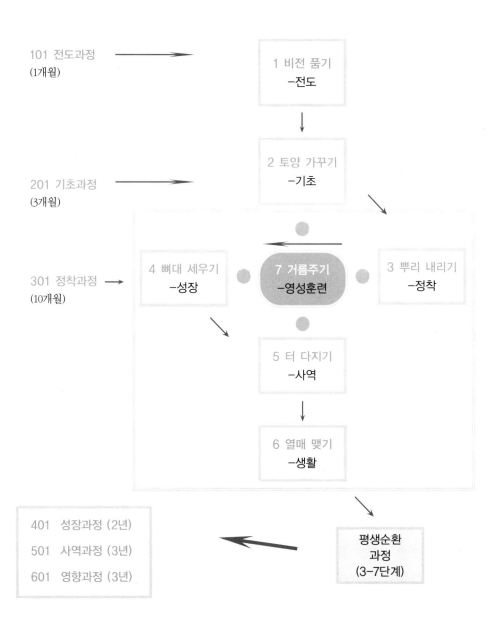

101 전도과정
(1개월)

201 기초과정
(3개월)

301 정착과정
(10개월)

1 비전 품기
−전도

2 토양 가꾸기
−기초

4 뼈대 세우기
−성장

7 거름주기
−영성훈련

3 뿌리 내리기
−정착

5 터 다지기
−사역

6 열매 맺기
−생활

401 성장과정 (2년)
501 사역과정 (3년)
601 영향과정 (3년)

평생순환
과정
(3−7단계)

차례

들어가면서

　신앙성장은 단번에 되는 것이 아닙니다. 생명은 한 번에 성장하지 않습니다. 그럼에도 많은 사람들은 단번에 기계가 물건을 찍어 내듯 하는 신앙의 성장을 꿈꿉니다. 그러나 유기적인 몸인 교회와 신앙의 성장은 생명과 같은 정상적인 과정을 거쳐서 성장합니다. 당장에는 성장하지 않는 것처럼 보이지만 사실은 안에서 성장이 보이지 않게 일어나고 있습니다. 지금은 눈에 보이지 않지만 뿌리가 내려 터를 잡는 시간일 수 있습니다. 어느 시기가 되면 성장하는 모습이 보이고 열매의 조짐이 나타날 것입니다. 그때까지 인내하고 기다려야 합니다. 씨를 심었다면 때가 되어야 열매를 맺게 됩니다. 신앙의 성장도 이런 생명의 원리가 그대로 적용됩니다.

　중간에 신앙생활을 포기하는 것은 이런 자연스러운 생명의 성장을 이해하지 못했기 때문입니다. 뿌리가 내렸으면 이제 굳게 다지는 일이 필요합니다. 바울은 이미 복음을 전한 교회에 다시 되돌아가서 믿음을 다지는 일을 했습니다. 그냥 복음의 씨만 뿌린 것이 아니라 씨가 심겨져 제대로 뿌리가 내리고 있는지 살핀 것입니다. 뿌리가 내렸으면 이제 믿음을 굳게 하는 일이 중요합니다. 바울은 이런 일의 중요성을 알고 원칙을 지키면서 성도를 바르게 양육하는 일에 충성을 다했습니다.

신앙성장을 위해서는 터가 굳게 다져져야 합니다. 그래야 비바람이 몰아쳐도 흔들리지 않고 홍수가 나도 뿌리가 든든하게 자리를 지키고 있게 됩니다. 이런 면에서 터를 굳게 다지는 것은 앞으로 신앙의 열매를 맺는 데 기초가 됩니다.

신앙은 수시로 굳게 다져야 합니다. 그렇지 않으면 사단이 와서 파헤쳐 놓게 됩니다. 믿음을 굳게 다지기 위해서는 말씀에 순종하는 삶을 살아야 하며, 하나님과 교회 공동체와 교제를 가져야 합니다. 그리고 삶 속에서 주님을 증거하는 삶을 살아야 합니다. 단번에 그치는 것이 아니라 계속 우리의 삶에 생활화가 되어야 합니다. 이것을 통하여 우리는 신앙이 다져지게 됩니다. 순종할 수 없을 때도 순종하고, 교제가 힘들 때도 모이기를 힘쓰고, 전도할 수 없는 상황에도 복음을 전하는 일을 하다 보면 우리의 신앙은 어느새 신앙의 터가 단단해지게 될 것입니다.

변화된 사람
| 터 다지기-사역과정 |

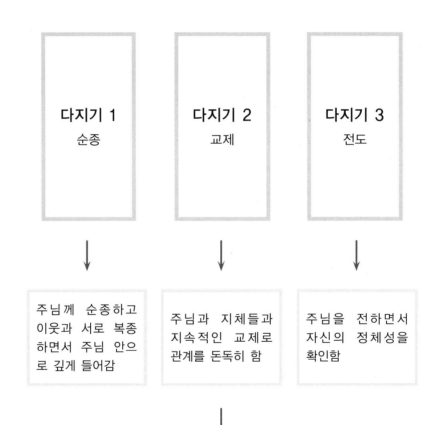

| 다지기 1 | 다지기 2 | 다지기 3 |
| 순종 | 교제 | 전도 |

↓ ↓ ↓

| 주님께 순종하고 이웃과 서로 복종하면서 주님 안으로 깊게 들어감 | 주님과 지체들과 지속적인 교제로 관계를 돈독히 함 | 주님을 전하면서 자신의 정체성을 확인함 |

↓

주님과 지체들의 관계가 깊어지면서
신앙이 다져지게 된다. 신앙은 관계다.

··· 주 제 를 이 해 하 는 내 비 게 이 션

순종

성경에서 말하는 순종의 뜻

'순종' 이라는 단어는 히브리어로 '솨마' 헬라어로는 '휘파코에' 라고 합니다. 이것은 다같이 '듣다' '청종한다' 는 의미를 지니고 있습니다.

그런데 성경에서 나타나는 '순종' '복종' '준행' 등의 단어는 말씀을 귀로 듣는 것만을 의미하지 않고 말씀을 듣고 적극적으로 준행하는 행동까지 포함된 단어입니다. 여기서 듣는 것은 믿음과 연관되어 있습니다.

구약성경에 나타난 순종의 예

구약에서 순종은 인간과 하나님, 더 나아가 이스라엘과 하나님의 관계 속에서 나타납니다. 구약에 나오는 이스라엘의 역사는 하나님의 말씀을 듣거나 듣지 않는 것에 대한 이야기라고 볼 수 있습니다. 순종이 신앙을 뜻한다면 불순종은 불신앙을 뜻합니다. 구약성경에는 '들으라' 는 말이 많이 나오는데(렘 2:13; 출 19:5; 암 3:1, 4:1, 5;1) 이것은 구약의 이야기가 순종과 불순종의 역사를 반복하고 있다는 사실을 말해줍니다. 하나님이 자신의 말씀을 백성에게 계시할 때에는 당신이 선택한 사람들(예언자, 사사, 제사장, 왕)을 통해 말씀하셨습니다. 여기에 하나님의 자녀들은 응답해야 했고, 그것을 거부할 때는 심판을 받았습니다.

구약에 나타난 순종의 예

1) 노아의 순종(창 6:22)—구원자로 쓰심
2) 아브라함의 순종(창 22:16-18)—축복을 얻음

3) 모세의 순종(출 19:5)―하나님의 구원 역사를 이룸

4) 이스라엘 백성의 순종(신 11:26-28)―축복의 땅을 허락받음

5) 이스라엘 왕의 불순종(삼상 15:22-23)―왕위를 빼앗김

6) 예레미야의 순종(렘 7:22-23)―나의 하나님이 되심

신약에 나타난 순종의 예

예수님의 말씀이 끝날 때마다 특색 있게 나타나는 말이 있는데 "들을 귀 있는 자는 들을지어다" 하신 말씀입니다. 이 말씀은 단순히 귀로 듣고 받아들이라는 뜻이 아니라 전인격적으로 받아들이고 충실히 응답함으로써 하나님의 말씀에 순종하라는 뜻입니다. 그렇다면 어떤 사람이 하나님의 말씀에 순종하는 사람입니까? 순종의 행위가 이어지려면 먼저 말씀에 대한 굳건한 믿음이 있어야 합니다. 즉 하나님의 나라인 복음을 믿고 받아들일 때에 순종은 실천됩니다.

"그러므로 누구든지 나의 이 말을 듣고 행하는 자는 그 집을 반석 위에 지은 지혜로운 사람 같으니"(마 7:24).

신약성경은 특히 예수 그리스도께서 순종의 모본을 보이신 것을 자주 증거합니다. 그는 죽기까지 순종함으로 하나님의 뜻을 이루셨습니다. '우리가 순종한다'는 말 속에는 이미 우리 안에 내재하신 성령님께 순종한다는 의미도 포함되어 있습니다. 성령님께 온전히 순종할 때 우리 안에 계신 성령님이 우리를 주관하시게 됩니다. 그리고 그때 우리는 비로소 성령의 사람이 될 수 있습니다.

1) 예수 그리스도의 순종(요 5:30)―전 생애가 순종으로 일관되었습니다.

2) 사도들의 순종(행 5:29.32)―성령강림의 조건은 순종이었습니다.

   또 그들은 사람보다 하나님께 순종하였습니다.

3) 로마서에 나타난 순종(롬 16:26)―의에 대한 순종입니다.

4) 베드로전서에 나타난 순종(요일 2:4, 5:3)―그리스도인의 유일한 보증입

   니다. 그리고 순종은 계명을 지키는 것으로 나타납니다.

성경은 크게 두 종류의 사람을 이야기하고 있습니다. 한 부류는 하나님의 말씀에 순종하는 사람이고, 또 한 분류는 하나님의 말씀을 거부하는 사람입니다.

신앙생활에 있어 순종은 중요한 몫을 가지고 있습니다. 우리는 흔히 생각에 그치는 수준에서 순종하거나 아니면 마지못해 순종하는 시늉만 하는 경우가 많습니다. 진리의 말씀을 듣고 이해하면서도 그것을 나의 것으로 받아들이지 않거나 그 말씀을 마음속으로 받아들이면서도 실제 생활에서는 행하지 않는 경우가 바로 그것입니다. 순종한다는 것은 우리의 모든 것을 하나님께 위탁함을 의미합니다. 하나님의 뜻이 이루어지도록 나를 온전히 개방하고 그분이 마음대로 쓰시도록 나의 생각과 의지를 드리는 것입니다. 우리의 신앙은 얼마만큼 순종하느냐에 따라서 그 성장 속도가 다릅니다. 믿음을 측정할 수 있는 한 가지 방법이 있다면, 그것은 곧 순종하느냐 아니면 순종하지 않느냐입니다. 순종하는 그 자체가 곧 신앙을 만들어 내기 때문입니다. 순종하는 데는 먼저 그것이 하나님의 뜻인가 하는 영적인 분별력이 있어야 합니다. 이것을 위해서는 먼저 성경을 읽고 공부하고 들으면서 성경이 말씀하시는 원리를 따라 전적으로 순종할 수 있어야 합니다. 그리고 깨달은 그 말씀대로 삶에서 실천하는 순종이 뒤따라야 합니다.

온전한 순종

본문 말씀 : 사무엘상 15:1-23

삶의 나눔

1. 우리가 윗사람을 대할 때 순종하지 못하는 경우는 어느 때인지 다섯 가지 정도를 말해 보십시오.

1) _____

2) _____

3) _____

4) _____

5) _____

2. 서로 적은 내용을 나누어 비교해보십시오.

3. 공통된 의견을 다시 세 가지 정도로 정리하고 그것을 함께 나누어 보십시오.

말씀의 살핌

사무엘과 사무엘상

'사무엘'이라는 이름의 뜻은 '하나님의 이름' '하나님이 들으셨다' 는 뜻을 갖고 있습니다. 사무엘상은 이스라엘이 사사들의 통치 시대 에서 왕의 통치로 전환되는 중요한 과정을 그리고 있습니다. 마지막 사사이면서 첫 선지자였던 사무엘, 이스라엘 초대 왕 사울, 그리고 왕 으로 택함을 받았지만 아직 등극하지 않은 다윗 왕, 이렇게 세 인물을 중심으로 이야기가 진행되고 있습니다. 사무엘상을 읽을 때는 이 세 인물의 전환점을 염두에 두고 살펴보아야 합니다. 그리고 엘리—사무 엘, 사무엘—사울, 사울—다윗이라는 세 단계를 살펴볼 수 있어야 합 니다.

본문의 배경

사사의 통치에서 왕정으로 급변하는 시기에서 선지자 사무엘은 자신 의 중요한 임무를 성실히 수행합니다. 이 시간은 이스라엘의 출애굽 역사 다음으로 중요한 민족적 위기로서 하나님이 통치하시는 나라의 건설이라는 측면에서 아주 중요한 때입니다. 특히 선지자로서의 직무 가 처음으로 확연하게 드러나게 됩니다.

본문의 특징

본문으로 나와 있는 사무엘상 15장은 사무엘상 전체에서 중요한 장입 니다. 왜냐하면 본장이 바로 사울의 왕권이 다윗에게 넘어가는 비극 적인 부분을 그리고 있기 때문입니다.

용어 설명

—들라임(4): 유대 남부의 땅

—겐 사람(6): 이스라엘 민족에 대해 호의를 베풀었던 미디안의 유목민

—아각(8): 아말렉 족속 왕의 칭호

27

─사신(23): 우상을 말할 때 사용되는 용어

　─사술(23): 복술, 점술

01

1. 오늘 본문에서 나오는 지명을 있는 대로 열거해 보고 아래에 예로 든 지명을 찾아보십시오.(길갈, 아말렉, 겐족)

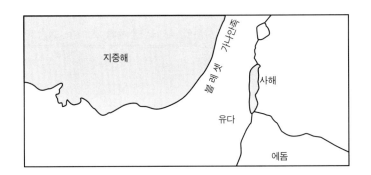

2. 기름 부음을 받고 왕으로 임명을 받은 사울이 해야 할 중요한 일은 무엇입니까?(1)

3. 하나님이 사울에게 내린 명령은 무엇입니까?(2-3)

4. 하나님은 아말렉 사람들을 왜 진멸하라고 하셨습니까? 그리고 겐 사람에게는 호의를 베풀었는데 그 이유는 무엇입니까?(2-6)

5. 사울은 하나님의 명령에 어떻게 행동했습니까?(7-9)

6. 사울의 행동에 대한 하나님과 사람들의 반응은 무엇입니까?(10-12)
　-하나님의 반응

　-사무엘의 반응

　-사울 자신의 반응

7. 사울은 자신의 행동에 대해 어떻게 말하고 있습니까?(13-15)

8. 사울이 처음 부름을 받았을 때의 모습과 왕의 직무를 행하기 시작한 시점의 모습을 비교해 보십시오.(17-19)

9. 사울은 끝까지 자신이 하나님의 말씀에 순종했다고 고집을 부리는데 그의 순종은 어떤 순종입니까?(20-21)

10. 하나님이 우리에게 진정으로 원하는 것은 무엇입니까?(22)

01

말씀의 깨달음

1. 순종은 곧 믿음을 의미합니다. 하나님은 완전한 순종을 원하십니다. 왜 하나님은 우리에게 완전한 순종을 원하십니까? 사울이 부분적으로 순종을 한 이유는 무엇이라고 봅니까?

2. 불순종은 자기 교만에서 나옵니다. 불순종하는 사람은 하나님이 나중에 거두어 가십니다.
신앙에서 순종이 중요한 이유를 말해보고, 어떻게 하는 것이 진정한 순종인지 이야기해보십시오.(참고, 롬 12:1-2; 요 7:17)

3. 가장 온전한 순종의 모델을 보여주신 분은 예수님이십니다. 하나님의 뜻에 따라 죽기까지 순종하셨습니다. 실천하기 어려운 것을 끝까지 순종하신 예수님의 모습은 우리에게 순종에 대한 어떤 교훈을 줍니까?

말씀의 적용

1. 우리는 자칫 순종하노라 하면서 나의 입맛에 맞는 것만 순종합니다. 즉 부분적인 순종을 하는 것입니다.
인간이 저지를 수 있는 자기 편의적인 순종을 찾아서 말해보십시오.

2. 그리스도인은 여러 가지 현실적인 핑계를 대면서 순종을 거부하는 경우가 많습니다. 현재 핑계를 대면서 순종하지 못하고 있는 것이 있다면 이야기해보십시오.

3. 순종할 때 오는 축복과 불순종할 때 오는 하나님의 징계를 경험해보았다면 서로 이야기해보십시오. 오늘 새롭게 실천해야 할 내용이 있으면 말해보십시오.

함께 기도하기

1. 하나님께 전적인 순종을 하게 하소서.
2. 핑계나 변명의 늪에서 벗어나게 하소서.
3. 순종할 때 주어지는 하나님의 약속과 축복을 받게 하소서.

묵상의 글

옛날에 많은 군사를 거느린 거만한 왕이 있었습니다. 그는 작은 나라의 한 왕에게 항복할 것을 명령했습니다. 사신들이 이 사실을 작은 나라 왕에게 전하자 왕은 신하 중 한 사람을 불렀습니다. 그리고 칼로 자결하라고 명령했습니다. 그는 그렇게 했습니다. 왕은 또 다른 신하를 불렀습니다. 그도 역시 명령에 따라 칼을 받았습니다. 세 번째 신하를 불러내었을 때도 마찬가지로 죽기까지 순종했습니다. 왕은 그 사신에게 "가서 너희 왕에게 고하라. 내게는 이런 군사가 삼천 명이나 있으니 올 테면 와보라"고 했습니다. 왕은 생명을 요구했을 때 목숨까지도 아끼지 않고 바칠 수 있는 그 군사들을 기꺼이 믿었던 것입니다. 온전한 순종은 하나님이 진정 원하시는 것입니다.

목숨을 버리면서 전적으로 순종의 모본을 보여주신 예수님처럼 오늘도 우리는 모든 것을 헌신하면서 하나님의 말씀에 귀를 기울여야 합니다. 자기의 욕심을 버릴 수 있을 때에 온전한 순종을 할 수 있습니다.

불순종과 순종

본문 말씀 : 로마서 5:12-21

삶의 나눔

1. 다음 그림을 보고 나름대로 상상하여 이야기를 만들어 보십시오.

―나의 이야기

말씀의 살핌

본문의 특징

본문은 아담과 그리스도를 서로 대조시키면서 아담으로 인한 죄의 보편성과 그리스도로 인한 구원의 은혜를 논리적으로 설명하고 있습니다. 특히 그리스도 안에서 나타난 사랑과 은혜의 진리가 다음 장인 6-8장에까지 이어지면서 내용이 전개되고 있습니다.

용어 설명

─표상(14): 모형, 모범, 모양이라는 뜻입니다.

─범죄(15): 허물. 이것은 곁으로 떨어진다는 의미로 정도에서 탈선하는 것을 뜻합니다.

─순종(19): '들음' 이라는 뜻이다. 즉 하나님의 말씀을 듣는 것을 말합니다.

1. 본문 중에서 '한 사람' 이라는 단어가 계속 나오는데 그는 누구를 칭합니까?

2. 죄는 누구로 말미암아 세상에 들어왔습니까?(12)

3. 율법이 있기 전에는 죄를 죄로 여기지 않았습니다. 그렇다면 아담 때부터 모세 전까지는 무엇이 죄를 죄로 여기게 했습니까?(13-14)

4. '오실 자'는 누구를 말합니까?(14)

5. 한 사람의 범죄가 많은 사람에게 어떤 결과를 가져왔습니까?(12, 15-18)

6. 한 사람이 죄를 지음으로 누가 우리 인간들을 지배하게 되었습니까?(21)

7. 하나님의 은혜가 죄 가운데 있던 많은 사람에게 넘쳤는데 그것은 무엇 때문입니까?(15-19)

8. 한 사람이 순종함으로 우리에게 어떤 복이 주어졌습니까?(19-21)

말씀의 깨달음

02

1. 아담의 불순종은 결국 죄를 세상에 들어오게 하는 결과를 초래했습니다. 인류의 조상인 아담의 불순종은 무엇이며 그것이 어떻게 죄가 되는지 말해보십시오.(참고, 창 2:15-17, 3:1-19; 요일 3:4; 롬 4:15)
또 바울이 그리스도의 사랑과 은혜를 말하면서 이 부분을 연결시켜 말한 특별한 이유가 있다면 그것은 무엇입니까?

2. 한 사람 아담의 불순종으로 인해 어떻게 모든 사람이 불순종의 죄를 지었다고 말할 수 있습니까? 또 한 사람의 순종이 어떻게 많은 사람을 죄 가운데서 건져내 의인이 되게 할 수 있으며 영생을 얻을 수 있게 했는지 그 이유를 말해보십시오.(참고. 롬 6:12-17; 고전 15:21-22)

3. 우리가 하나님께 사랑 받는 존재가 되는 것은 순종 여하에 달려 있습니다. 그리스도를 하나님의 사랑의 대상이 되게 한 것은 오직 그가 죽기까지 순종하셨기 때문입니다. 인간의 순종 여부가 하나님의 사랑에 지대한 영향을 미치는 이유를 말해보십시오.(참고. 요 10:17-18; 요 14:21, 23)

말씀의 적용

1. 정말 나는 죄인이라고 느끼고 있습니까? 또 예수님이 십자가에서 죽으신 것이 나의 죄 문제를 해결하는 것이라고 믿습니까? 어떤 점에서 그런지 깨달은 점을 말해보십시오.

_____

_____

2. 불순종이 죄라면 오늘 나에게 있어 죄의 회개란 어떤 결단을 해야 하는 것을 의미하는지 내가 이 시간 회개할 부분을 찾아 구체적으로 말해보십시오.

_____

_____

3. 현재 내가 잘 순종하지 못하는 부분은 무엇인지 찾아보십시오.

_____

_____

함께 기도하기

1. 예수님이 십자가에서 나를 위해 죽으심을 감사하게 하소서.
2. 예수님의 순종으로 내가 구원을 받은 것을 감사하게 하소서.
3. 먼저 주님의 뜻에 순종하면서 나아가는 자세를 주소서.

묵상의 글

아시시의 성 프란시스가 있는 수도원에 어느날 두 사람이 새로
들어오려고 했습니다. 성 프란시스는 그들을 데리고 수도원 농
장으로 갔습니다. 그리고 배추를 심으라고 하면서 이렇게 설명
했습니다. "뿌리는 흙 위로 드러나게 하고 줄거리는 땅속에 파묻
어라."
그중에 한 사람은 시키는 대로 했습니다. 다른 사람은 무엇인가
잘못되었음을 말했습니다.
"교부님, 배추는 그렇게 심는 것이 아닙니다."
성 프란시스는 대답했습니다.
"아 이 사람, 임자는 우리 수도원에는 적합하지 않네."
그리고 그 자리에서 그를 수도원에서 내보냈습니다.

순종한다는 것은 어려운 일입니다. 특히 자기의 생각이나 상식
으로 이해가 안될 때 순종하는 것은 쉽지 않습니다. 하나님의 뜻
에 순종하는 것도 이와 같습니다. 어떤 경우는 우리의 이성으로
이해가 되지 않습니다. 그러나 그럴수록 순종하는 자세가 중요
합니다. 하나님은 무조건적인 순종을 원하십니다. 하나님의 성
품을 정말로 믿는다면 일 자체에 문제가 있어도 그분의 성품을

믿고 순종해야 합니다. 중요한 것은 일이 아니라 그 일을 시키는 그분의 인격입니다. 우리는 일을 사람보다 더 중요시 여기면서 사람에 대한 믿음을 저버릴 때가 많습니다. 하나님은 우리를 늘 좋은 곳으로 인도하시는 분입니다. 이것을 믿는다면 무슨 말씀이라 할지라도 순종하는 것이 그리 어렵지 않을 것입니다. 나보다 위대하신 분이 그것을 명령하셨을 때는 그만한 이유가 있을 것입니다.

순종의 학교

본문 말씀 : 요한복음 6:1-15

삶의 나눔

1. '순종' 이란 단어에 대해 자연스럽게 떠오르는 느낌이나 평상시의 생각들을 각자 적어보고 그 내용을 돌아가면서 이야기해보십시오.

2. 1번의 이야기 중 가장 많이 나온 내용을 세 가지 뽑아 그 이유를 말하고 이것이 우리의 순종의 삶에 미치는 영향을 나누어 보십시오.

말씀의 살핌

본문의 배경

본문은 예수께서 갈릴리를 전도하신 사역의 한 부분입니다. 특히 본문은 예수께서 예루살렘에 들어가시기 전 마지막 사건으로 사복음서에 모두 기록된 유일한 사건입니다(마 14:13-21; 막 6:30-44; 눅 9:10-17). 다만 공관복음서는 공적인 부분이 많은 반면 본서는 개인적인 면을 더 자세히 기록하고 있습니다. 특히 본장에서는 예수님이 생명의 떡을 주시는 분으로 증거되고 있습니다(요 6:26-27).

용어 설명

—디베랴 바다(1): 로마 황제 디베리우스의 이름을 따서 세운 도시 주변의 바닷가입니다.

—유월절(4): 이스라엘 최대의 절기입니다.

—데나리온(7): '한 데나리온'은 당시 노동자의 하루 품삯입니다.

—보리떡(9): 당시 빈민층의 주식이었습니다.

----

1. 본문을 읽고 사건이 일어난 장소와 때, 등장인물에 대해 말해 보십시오.

—장소:

—때:

—등장인물:

03

2. 왜 큰 무리가 예수님을 따라다녔습니까?(2)

3. 예수님이 제자 빌립의 믿음을 시험하고자 하실 때 하신 말씀은 무엇이었습니까?(5-6)

4. 빌립의 믿음은 어떠했는지 말해보십시오.(7)

5. 빌립과 대조적으로 다른 제자 안드레는 예수님에게 어떤 질문을 했습니까?(8-9)

6. 예수님은 이 문제를 어떻게 명했으며 제자들은 어떻게 순종했습니까?(10-11)

7. 제자들이 직접 경험한 모습은 무엇입니까?(12-13)

8. 이 일을 통해 사람들은 예수님에 대해 어떻게 했습니까? 그것에 대한 예수님의 반응은 무엇입니까?(14-15)

말씀의 깨달음

1. 예수님은 하나님을 믿고 순종할 때에 어떤 놀라운 역사가 일어나는지 실제로 제자들이 체험하게 했습니다. 그리스도인들이 어려운 문제를 만났을 때 이길 수 있는 해결점은 무엇입니까?(참고, 요 11:17-44; 수 1:9; 신 31:6)

2. 우리가 하나님의 뜻을 알고서도 실제로는 하나님의 말씀에 순종하지 못하고 머뭇거리는데 그 이유는 어디에 있다고 봅니까? 전적으로 순종하지 못하는 이유는 무엇입니까?(참고, 롬 6:14; 롬 7:6)

3. 오병이어의 기적 사건을 통하여 발견되는 영적 교훈은 무엇입니까?

말씀의 적용

1. 하나님께서 오늘 나에게 요구하시는 순종은 무엇입니까?

_____

_____

2. 하나님의 임재는 우리가 순종할 때 경험하게 됩니다. 나는 얼마나 하나님의 임재와 성령충만을 경험하며 살아가고 있습니까?

_____

_____

3. 나는 얼마나 주님의 말씀에 순종하고 있습니까? 주님을 사랑하기 때문에 순종합니까, 아니면 주님의 명령이기에 의무적으로 순종합니까? 오늘 내가 깨달은 순종의 원칙들을 나름대로 정리해 보십시오.

_____

_____

함께 기도하기

1. 매순간 하나님의 임재를 느끼면서 살아가게 하소서.
2. 순종을 사랑으로 받아들여서 순종하고 싶어지는 마음을 갖게 하소서.

묵상의 글

참된 순종의 비결은 하나님과 개인적으로 밀접한 관계를 맺는 데
있습니다. 하나님과의 교제가 친밀할수록 더욱더 하나님의 말씀에
순종할 수 있습니다. 불순종은 나 자신이 주인이 되었을 때 나타나
는 현상입니다. 순종은 내 안에 계신 성령님께 순종할 때 생기는 현
상입니다. 자아가 강할수록 순종하기가 점차 어려워집니다.

순종은 이런 면에서 하루아침에 이루어지는 일이 아닙니다. 하
나님과 긴밀한 교제가 이루어지면 하나님의 음성이 들리고 그것
에 순종하는 믿음이 생깁니다.

정말 하나님의 뜻에 순종하여 복을 받고 싶습니까? 그러면 어서
빨리 온전히 순종하는 비결을 배워야 합니다. 자기를 죽이는 일
이 일어나지 않고는 순종하기 힘듭니다. 순종의 학교는 자기를
죽이는 과정입니다. 자기는 없고 오직 자기 안에 하나님의 생각
과 예수님의 생각으로 가득차야 합니다. 자기가 살아서 강퍅하
고 오만한 사람이 되면 안 됩니다. 하나님의 말씀에 순종하는 가
운데 하나님의 축복과 은혜가 임합니다.

"주여 말씀하옵소서, 종이 듣겠나이다." 주님과 지속적인 관계를
맺어 하나님의 말씀에 순종하는 사람이 된다면 그 사람을 통해
하나님은 위대한 일을 이루실 것입니다.

교제

단어의 뜻

'교제'에 해당되는 헬라어 단어는 '코이노니아' 입니다. '코이노니아' 의 뜻은 '교제' '참여' '같이 나누다' 등입니다. 우리말 성경에는 참여, 연보, 교제, 나누어 줌, 동업, 통용 등 17가지로 번역되어 있습니다. 친교에서 중요한 요소는 나눔입니다. 그리고 하나됨입니다. 하나될 때 나눔은 의미가 있습니다. 교제는 하나되게 하는 사랑의 띠입니다. 성경에서 말하는 교제는 사람과의 일반적인 교제를 넘어 성도간의 교제, 말씀과의 교제, 기도로 하나님과 교제하는 것까지 포함합니다. 또한 교회 속에서 필연적으로 일어나는 공동체적 교제를 의미하기도 합니다.

구약에 나타난 교제

구약에서 교제나 친교란 말은 나타나지 않습니다. 그 이유는 이 용어가 신성에 참여한다는 말로 여겨질 수 있기에 구약의 사상과 맞지 않기 때문입니다. 교제가 계약적인 측면에서 일반적인 어떤 목적을 가지고 다른 사람과 동맹을 맺거나 관련을 맺을 경우에는 나타나는 반면, 하나님과의 관계를 나타내는 개념으로는 구약에서 교제가 나타나지 않습니다.

또한 구약에서는 하나님과 친밀한 교제를 나눈다기보다는 하나님을 믿고 전적으로 따르는 수동적인 모습이 많이 나타나고 전체적인 흐름이 그런 분위기 속에서 이루어지고 있습니다. 친구로서 교제하는 것이 아닌 순종하고 절대복종하는 대상으로서 하나님이 그려지고 있습니다. 물론 간접적으로 가까이 계시는 임마누엘의 모습이 없는 것은 아니지만 말입니다. 우리가 구약을 읽으면서 멀리서, 혹은 조금 거리를 두고 하나님을 바라보게 되는데 이는 우리에게 결코 이상한 일이 아닐 것입니다.

신약에 나타난 교제

신약성경 역시 교제에 대한 특별한 정의는 없습니다. 그러나 구약과는 다르게 친구로서의 예수님을 소개하고 있는가 하면(요 15:14-15) 하나님과 아들로서 사람과 교제하는 분으로 말하고 있습니다(고전 1:9).

예수님과 제자들이 함께한 마지막 만찬에서 교제는 더욱 깊어지고 있습니다. 하나된 몸으로서 운명을 같이하고 있으며, 그리스도 안에서 함께하는 신자임을 말하고 있습니다. 그리스도와의 친교는 그와 함께 살고 고난받고 죽으며 다시 사는 것을 의미합니다. 그리스도인의 교제는 하나님과의 교제뿐만 아니라 다른 신자와의 교제로도 이어져야 합니다. 함께 기쁨과 고통을 나누고 서로 짐을 지고 복종하며 고난에 함께 참여하는 교제가 이루어진다면 그것으로 그리스도의 몸을 세우는 것이 됩니다.

그리스도인이 용납할 수 없는 교제

1) 어두움의 일에 참여하거나 불신자와 하나된 교제를 하는 것입니다(고후 6:14-16). (빛과 어두움은 함께 공존할 수 없습니다)
2) 이교적인 의식이나 습관에 참여하는 것입니다(고전 10:20-22).
3) 다른 사람의 죄에 함께 동참하는 것입니다(딤전 5:22; 엡 5:3-14).
4) 이단이나 어두움 가운데 행하는 사람과 교제하는 것입니다(요일 2:9-11). (거짓과 진리는 함께 공존할 수 없습니다)

교제의 내용

1) 말씀

2) 기도

3) 예배

4) 성도간의 교제

교제의 방법

1) 함께 예배합니다.

2) 함께 성경을 공부합니다.

3) 함께 찬양합니다.

4) 함께 기도합니다.

5) 함께 선한 일을 합니다.

6) 서로 죄를 고백합니다.

　　교회는 건물이 아니라 사람입니다. 사람들의 모임이 교회입니다. 이런 면에서 교제는 교회의 핵심입니다. 초대교회는 교제가 활발했습니다. 그리스도의 피값으로 사신 공동체임을 느끼면서 신앙생활을 했고, 그리스도 안에서 서로 한몸임을 경험했습니다. 그러나 점차 사회가 현대화되면서 인간의 이기심으로 인하여 교회 안에서조차 교제가 사라지고 있습니다. 교제가 빠진 교회는 생명을 상실한 공동체입니다. 교제는 몸의 혈관과 같은 역할을 합니다. 혈관이 막히면 피가 순환되지 않듯이 교제가 막히면 죽은 교회가 되고 맙니다. 신앙공동체가 서로 같은 지체임을 느끼게 해주는 살아 있는 공동체로 자리를 잡아야 합니다.

　　교제를 이룬다는 것은 살아 있는 공동체의 회복을 의미합니다. 이것은 그리스도의 몸된 교회의 본질을 찾는 것입니다. 말씀을 가르치고 또 많이 들어도 서로 말씀을 나누지 않으면 믿음이 성장하기 어렵습니다. 교회는 함께 성장해야 합니다. 그렇게 하기 위해서는 서로 모여 그리스도 안에서 활발히 교제해야 합니다. 그렇게 그리스도의 한 지체임을 확인할 수 있어야 합니다. 개인만 성장하는 것이 아니라 몸 전체가 함께 자라기 위해서는 교회 안에서 교제가 활발해야 합니다. 이것이 건강한 교회의 모습입니다. 큰 그룹이 모이는 것보다 소그룹별로 구성되면 더욱 이런 교제를 하기가 쉽습니다. 때문에 교회는 작은 소그룹이 살아야 합니다. 모든 교회 성도들이 작은 교제에 참여하고 그 안에서 삶과 신앙을 나눌 때 진정한 의미의 교회가 됩니다.

성도의 공동생활

본문 말씀 : 사도행전 2:42-47

삶의 나눔

1. 사각형 그림 조각을 모아서 함께 모여 서로 맞추어 보십시오.
(예, 말씀, 성찬, 기도, 봉사, 찬양, 교회, 각자 이름이나 글자를 쓴
조각들을 준비하여 간단한 활동을 합니다.)

2. 인도자가 해당 문장을 말해 주면 그것에 따른 글자를 맞추어
가는 방식을 택합니다.
(예, "우리는 그리스도 안에서 믿음의 사람들입니다.")

3. 두 명씩 짝을 맞추어 시간을 정해 게임형태를 가질 수도 있습
니다.

4. 서로 느낀 점을 이야기해보십시오.

말씀의 살림

사도행전의 특징

사도행전은 누가가 쓴 것으로 누가복음에 이어서 쓴 연작서입니다. 사도행전은 예수님의 지상 명령에 순종하여 부활하신 주님을 이 세상 끝까지 전파하는 내용을 그리고 있습니다. 성령이 주도하여 복음이 예루살렘에서 시작하여 안디옥과 소아시아 지역과 로마까지 확장하는 이야기를 그리고 있는 책입니다.

본문의 배경

본문은 성령의 놀라운 역사 안에서 형성된 믿음의 공동체 모습을 그리고 있습니다. 성령의 강림으로 형성된 초대교회는 사랑과 믿음과 기쁨이 가득찬 공동체였습니다. 교회 공동체가 하나 되는 내적인 성장이 일어나자 점차 외적인 교회성장도 이루어지고 있습니다. 이는 바람직한 교회의 모델입니다.

----

1. 본문을 통해 교회를 이루는 구성 요소를 찾아보십시오.(42-47)

2. 사도들로 인하여 어떤 일이 일어났습니까?(43)

3. 그리스도인의 교제의 기본적인 원칙은 무엇입니까?(44)

4. 교제에 해당되는 부분(육적인 부분과 영적인 부분)을 찾아보
십시오.(44-46, 42-47)

04

5. 참다운 교제가 이루어지는 교회공동체가 되기 위해서 구체적
으로 교회 속에서 어떤 일이 활발하게 일어나야 합니까?(46)

6. 교제를 통하여 교회의 내적인 성장이 일어났을 때 나타나는
결과를 말해 보십시오.(47)

말씀의 깨달음

1. 교회는 건물이 아닌 사람들의 모임입니다. 그렇다고 하여 단
순히 사람들의 모임을 교회라고 말할 수 없습니다. 교회는 하나
님으로부터 부름 받은 사람들이 모인 곳입니다. 건물이 아니더
라도 어디서든지 이런 사람들이 모이면 그것이 교회가 됩니다.
그리스도를 중심으로 모인 교회는 공동체입니다. 교제는 하나님
과 인간이 균형있게 이루어져야 합니다. 이것이 세상 공동체와
다른 모습입니다. 왜 그렇다고 봅니까?(참고, 사 58:4-7, 요일 4:8,
21)

2. 초대교회는 마음뿐 아니라 물건까지 서로 나누었습니다. 어떻게 이런 일이 가능할 수 있었을까요? 이것은 오늘날 우리 교회에서 어떻게 적용해야 합니까?(참고, 행 4:32-34; 고전 12:26-27; 요일 1:3)

3. 교제를 이루는 데는 마음이 중요합니다. 마음이 하나가 되지 못하면 다른 것은 의미가 없습니다. 먼저 마음이 하나되도록 해야 하는데 어떻게 하면 이것을 이룰 수 있습니까?(참고, 갈 5:13-16; 엡 4:1-6; 골 3:16)

말씀의 적용

1. 지금 나는 어떤 교제를 하고 있는지 말해 보십시오. 나에게 부족한 교제는 어떤 것입니까?

04

2. 현재 나와 교제를 맺고 있는 대상을 이야기해 보고 그들과 나는 어떤 교제를 이루고 있는지 말해 보십시오.

3. 믿음의 공동체 안에서 참다운 교제가 이루어지기 위해서 현재 하고 있는 부분과 앞으로 보완해야 하거나 부족한 부분을 말해 보십시오.

	현재 하고 있는 부분	보완하거나 부족한 부분
교회		
가정		
이웃		

함께 기도하기

1. 교회와 이웃 속에서 참다운 교제가 이루어지게 하소서.
2. 보다 적극적인 자세로 교제에 참여하게 하소서.

묵상의 글

어느 날 한 방랑자가 점토 덩어리를 발견했습니다. 그것은 아주 좋은 향기를 발하여 향기는 방안을 가득 채웠습니다. 이 굉장한 향기가 어디서 온 것인지 묻자 흙덩이는 대답했습니다. "내가 장미꽃과 함께 있었기 때문입니다. 그것이 비결입니다."

오늘날 우리도 마찬가지입니다. 그리스도와 함께 있으면 그리스도의 향기가 납니다. 그리스도와 교제하면서 늘 함께 거하기를 좋아하는 사람은 비록 자신이 미천하고 보잘 것 없는 존재라 할지라도 그리스도의 사랑의 향기를 주위 사람에게 발할 것입니다. 인간에게 있는 것은 다툼, 시기, 미움, 거짓이지만 그리스도에게 있는 것은 사랑, 용서, 진리, 자비입니다. 이것들은 그리스도 안에 거하는 교제를 통하여 발하는 향기입니다.

사랑의 향기! 용서의 향기! 진리의 향기를……

05 몸과 지체로서 교제

본문 말씀 : 고린도전서 12:12-27

삶의 나눔

1. 다음의 내용을 쓴 종이를 나열해 놓고 각자 그중 하나씩 고르
도록 합니다.

눈, 코, 입, 팔, 손, 발, 귀, 다리, 몸통, 허리

2. 고른 것이 자기의 역할입니다. 오직 자기의 역할만 해야 합니
다.

3. 한 사람이 다음의 지시를 합니다.
"책상에 있는 필기도구를 가져오세요."

4. 서로 함께 모여 한몸이 되어서 그것을 가져 오도록 합니다.

5. 끝난 다음 서로의 역할과 느낌을 말해 보도록 합니다.

말씀의 살핌

본문의 특징

본문은 다양성과 일치를 말하고 있습니다. 특히 몸과 지체를 비유로 말함으로써 진리를 효과적으로 설명하고 있습니다. 이것은 교회의 모습으로 다양함과 일치를 이루는 특징을 지니고 있습니다.

고린도의 배경

고린도는 항구도시로 우상 숭배와 부도덕이 만연했던 도시입니다. 고린도에는 많은 이방인이 살고 있었습니다. 바울은 당시 고린도교회의 여러 가지 문제들을 짚어주면서 세상적인 타락을 막으려는 의도를 가지고 이 책을 기록했습니다. 진정한 교회의 의미를 말하면서 서로를 인정하고 사랑해야 함을 말하고 있습니다.

용어설명

－성령으로 세례(13): 거듭나는 것을 말합니다. 즉 영적으로 다시 태어나는 것입니다.

－성령을 마시게(13): 성령이 내재하는 것을 의미합니다.

---

1. 교회를 의미하는 몸과 지체의 관계를 말해 보십시오. (12-20)

2. 그리스도와 다른 성도와의 관계를 말해 보십시오. (12, 27)

3. 몸의 지체들은 각각 누구의 뜻대로 몸에 있습니까?(18)

4. 그리스도의 몸인 교회를 사람의 몸으로 비유할 수 있습니다. 잘못된 모습은 어떤 것인지 말해 보십시오.(21)

5. 우리의 몸에 있어 가장 귀중한 것은 무엇입니까?(22-23)

6. 어떤 몸이 건강한 몸입니까?(24-25)

7. 그리스도의 몸된 지체인 우리들은 결국 어떤 교제의 모습을 이루어야 합니까?(26)

8. 본문을 통해서 우리에게 교제가 꼭 필요한 이유를 말해 보십시오.

말씀의 깨달음

1. 그리스도인은 혼자서 그 기능을 다할 수 없습니다. 교회는 홀로 존재할 수 없고 서로 사귐을 통하여 한몸된 공동체를 이룹니다. 이처럼 중요한 교제가 교회 안에서 잘 이루어지지 않는 이유는 무엇입니까?

2. 교회의 특징은 하나됨입니다. 또한 교제 없이 하나됨은 불가능합니다. 우리 사회의 가장 큰 문제는 분열입니다. 교회 안에서도 분열이 많이 일어납니다. 그것은 몸으로서 진정한 교제가 일어나지 않아서입니다. 그리스도의 몸의 교제란 무엇을 의미하며 그것이 하나됨과 어떤 관계가 있습니까?(참고 요 17:11)

3. 교회를 하나의 몸인 단체나 집회소로서만 생각하는 것은 바람직한 교회의 모습이 아닙니다. 세속화의 영향으로 점차 교회에 친밀한 교제가 없게 되기 쉬운데 교제가 신앙생활에 미치는 영향이 무엇인지 말해 보십시오.(참고, 전 4:9-12; 히 10:24-25)

말씀의 적용

05

1. 세상 사람들의 교제와 그리스도인의 교제는 서로 다릅니다. 어떤 면에서 다른지 말해 보십시오. 우리 교회의 교제는 어떻게 되어야 하는지 함께 나누어 보십시오.

2. 물질화, 외형화, 습관화 되는 오늘날의 상황에서 어떻게 하면 교제가 교회 속에서 잘 이루어지게 할 수 있는지 그 방안을 말해 보십시오.

3. 혼자 신앙 생활하는 것의 위험성과 교회의 모임에 적극적으로 참석하는 것이 왜 중요한지 각자 이야기해 보십시오.

함께 기도하기

1. 교회 안에서 지체들과 잘 교제하게 하소서.
2. 몸된 교회를 사랑하는 것이 곧 그리스도 안에서 형제 자매를 사랑하는 것임을 체험하게 하소서.

묵상의 글

날마다 정오가 되면 교회에 들어갔다가 2, 3분만에 나오곤 하는
초라한 노인이 있었습니다. 어떤 목사님이 그 노인을 보고 관리
인에게 말했습니다.

"저 할아버지는 도대체 무엇을 하는 것일까요?"

목사님은 관리인에게 그 노인을 만나 이야기해 보라고 지시했습
니다. 목사님은 교회에서 금방 나오곤 하는 그 노인을 수상하게
여겼습니다. 교회당 안에는 귀중한 물건이 많이 있으니까요.

"할아버지, 교회에는 왜 오시는 건가요?"

"나요? 기도하려고 왔지요."

관리인의 질문에 노인이 이렇게 대답했습니다.

"그런데 할아버지, 기도할 만큼 오래도록 교회에 머물고 있지 않
으시잖아요?"

관리인의 반문에 노인은 혀를 차고는 계속 말했습니다.

"난 오래 기도할 줄 모른다오. 다만 날마다 열두 시에 여기 와서
그냥 '예수님, 나요, 나. 나 짐(Jim)이라우' 하고 말합니다. 그러
다가 잠시 후에 그냥 간단 말이우. 그저 짧게 기도하죠. 그래도
들어주실 것 같다는 생각에서지요."

그런데 얼마 후 그 할아버지가 크게 다쳐서 병원에 입원하게 되

었습니다.

놀라운 사실은 그 할아버지가 입원한 병동에 다니던 환자들이 그 날부터 투덜대는 대신에 즐거워하고 가끔 폭소가 터져 나오기도 한다는 것입니다. 어느날 간호사가 그 할아버지에게 다가와서 물었습니다.

"할아버지, 다들 그러는데 병실 분위기가 이렇게 달라진 것은 모두 할아버지 덕분이래요. 할아버진 몸도 불편한데 언제나 그렇게 즐거우세요?"

"그것은 나를 찾아오는 방문객 덕분이야. 날마다 그 사람이 날 기쁘게 한단 말이야."

"할아버지를 찾아오는 방문객이라고요?"

간호사는 당황하면서 말했습니다. 할아버지는 친척도, 친구도 없어서 면회 오는 사람이 지금까지 한 사람도 없었기 때문입니다.

"그 방문객이 언제 오나요?"

"날마다 오지."

간호사는 더 의아해하면서 무슨 뜻인지 물었습니다. 할아버지는 말했습니다.

"간호사 선생, 거짓말이 아니야. 날마다 열두 시면 그분이 내게 찾아와서 내 침대 쪽에 서 계신단 말이우. 내가 그분을 보면 그분은 방긋이 웃으시면서 '짐, 날세. 나 예수네' 한단 말이우."

하나님과 교제, 이웃과 교제

본문 말씀 : 요한일서 1:5-10, 2:7-11

삶의 나눔

1. 인도자가 다음과 같은 내용을 귓속말로 옆 사람에게 다른 사람이 들리지 않도록 전달합니다. 두 그룹으로 만들어 전하도록 합니다.

> 성경공부 시간이 끝나면 각자 간단하게 돌아가면서 등을 두드려주고 서로를 위해 손을 잡고 기도합시다.

2. 계속 같은 방법으로 다른 사람에게 귓속말로 전달하게 합니다.

3. 마지막 사람이 그 내용을 종이에 적습니다. 그리고 인도자가 원래의 내용과 비교하면서 두 그룹이 발표하게 합니다.

4. 서로의 느낌을 말해 보십시오.

말씀의 살핌

06

요한일서의 특징

요한서신은 그리스도인들이 그 당시 영지주의와 같은 거짓 교훈을 대적하고 하나님 안에서 믿음이 충만하기를 권하기 위해 쓴 것입니다. 특히 사랑에 대해 강조하고 있습니다.

본문의 특징

요한일서 1:5-2:11까지는 '교제'가 중요한 주제입니다. 그리스도인들의 교제를 말함에 있어 요한은 크게 세 가지로 나누어 설명하고 있는데, 1) 하나님과의 교제(1:5-10) 2) 그리스도와의 교제(2:1-6) 3) 성도와의 교제(2:7-11)가 그것입니다.

본문은 예수 그리스도와 연결하여 하나님과 이웃과의 교제를 말하고 있습니다.

용어설명

－빛(5): 이 빛은 절대적인 것으로 그리스도의 본질을 의미합니다.

－사귐(6): 하나님의 자녀들에게 본질적인 것으로 당시 영지주의는 높은 지식으로 인해 신과 사귈 수 있다고 했습니다.

－자백(9): 자기 행위를 직고하는 것입니다.

－미쁘시고(9): 신실하다는 뜻으로 자신의 약속을 어기지 않으시는 하나님의 속성을 말합니다.

－눈(11): 판단력을 말합니다.

---

1. 하나님을 무엇으로 표시했습니까?(5)

2. 하나님과 사귀는 것을 방해하는 것은 무엇입니까?(6)

_____

_____

3. 우리가 하나님과의 사귐을 가지려면 어떻게 해야 합니까? 그리고 죄인된 우리가 거룩한 하나님과 사귈 수 있게 된 것은 누구 때문입니까?(7)

_____

_____

4. 우리가 하나님과 사귐을 가지는 데 있어서 방해가 되는 것은 무엇입니까? 그것을 해결할 수 있는 유일한 길은 무엇입니까?(9)

_____

_____

5. 새 계명은 우리에게 결국 어떤 것이 됩니까?(2:7-8)

_____

_____

6. 빛 가운데 거하며 하나님을 사랑하는 사람은 형제에 대해서 어떻게 해야 합니까?(2:9-10)

_____

_____

7. 사랑이 그리스도인의 교제에 중요한 이유는 무엇입니까?(2:10)

8. 형제를 미워하는 자에게 나타나는 세 가지 모습은 무엇입니까?(11)

말씀의 깨달음

1. 우리가 빛을 소유했을 때 하나님과 사귈 수 있습니다. 그러나 어둠 가운데 있으면 하나님과 사귈 수 없습니다. 왜 그런지 이유를 말해 보십시오.(요일 1:5-11, 3:19, 2:9-11).

2. 사귐을 방해하는 것은 죄입니다. 그렇다면 죄와 십자가의 예수의 피는 서로 어떤 관계가 있습니까?(참고, 요일 2:1; 히 9:14; 고전 8:11; 사 1:15)
우리가 교제를 가질 때 잊지 말아야 할 중요한 원리를 찾는다면 어떤 것입니까?

3. 옛계명은 일시적인 것이지만 새계명은 영원합니다. 새계명은 구체적으로 무엇을 의미하며 이것이 우리의 교제에 있어 중요한 이유는 무엇인지 말해 보십시오. (요 13:34-35; 요일 1:3, 4:16-20)

말씀의 적용

1. 나는 정말 하나님과 좋은 사귐의 관계를 맺고 있습니까? 혹시 하나님과의 사귐에 방해가 되는 죄가 있어 회개할 것은 없습니까?

2. 하나님과의 사귐은 이웃과의 사귐으로 나타납니다. 나의 형제나 이웃 중에서 교제가 잘 이루어지지 않는 사람은 누구입니까? 그 이유가 무엇인지 말해 보십시오.

관계	이름	이유

69

06

3. 교제 생활을 원만하게 하고 또 계속 유지하기 위해서 내가 당장 해야 할 일이 있다면 그것은 무엇입니까?

_____

_____

_____

> **함께 기도하기**
>
> 1. 주여, 주님과 늘 교제하면서 살게 하소서.
> 2. 주여, 주님과의 교제 속에서 얻은 힘으로 이웃과 교제의 끈을 이어가게 하소서.

묵상의 글

1896년 글래스고우 대학 당국은 탐험가요 선교사로 잘 알려진 리빙스톤에게 법학 박사학위를 수여했습니다. 마침 리빙스턴이 연설하려고 일어서자 장내는 존경하는 분위기로 그를 지켜보고 있었습니다.

아프리카 열대 지역에서 고생해서인지 그는 수척했고 매우 말라 있었습니다. 그리고 왼팔은 사자에게 찢겨 대롱대롱 처져 있었습니다. 리빙스턴은 주저함 없이 기쁘게 다시 한번 아프리카로 돌아가겠다고 공포했습니다. 그는 말했습니다.

"그들과 말도 통하지 않고 적대적인 상황 가운데 있었습니다. 때로는 절망적이기도 했지요. 그 상황 가운데서 지금까지 나를 붙들어 온 것이 무엇인지 궁금해하실 분들이 있을 것입니다. 그것은 다름 아닌 '볼찌어다 내가 세상 끝날 때까지 너희와 항상 함께 있으리라' (마 28:20) 하신 말씀입니다. 바로 이 말씀에 저는 모든 것을 다 걸었으며 그 말씀은 저를 한 번도 낙심케 한 적이 없습니다."

이 얼마나 멋있고 아름다운 모습입니까? 리빙스턴은 진실로 하나님과의 교제 속에서 이웃과의 교제를 모범적으로 실천한 사람입니다.

전도의 삶

전도

단어의 뜻

전도는 "복음을 증거" 하는 것을 말합니다. 증거는 '증인이 증언한다' 는 의미로 이 단어는 증인, 증언과 연관하여 생각해야 합니다. 증인, 증거라는 단어에서 파생된 헬라어는 15가지가 되며 신약성경에만 해도 200회 이상 됩니다. 성경이 얼마나 증거에 대한 내용을 강조하고 있는지 알 수 있는 대목입니다(요한서신 76회, 사도행전 39회, 바울서신 36회).

증거의 행위는 많은 고난이 뒤따르고 핍박을 감수해야 하는 일입니다. 더나아가 죽음까지 불사하는 일입니다. '증인' 의 뜻에는 순교의 의미가 포함되어 있습니다. 결국 증거한다는 것은 신앙을 포기하지 않고 고난을 당하며 죽음을 선택한다는 뜻이 포함되어 있습니다.

증거의 내용

신약성경에서 말하는 증거는 성경 자체에 대한 것과 예수 그리스도에 대한 것으로 나눌 수 있습니다. 신약에 나타난 하나님의 계시는 한마디로 예수님은 주님이시고 또한 그리스도(구원자)라는 것입니다(행 2:36).

세례 요한은 예수님을 이 세상의 구세주로 증거했습니다. 또한 예수님이 지상에 계시면서 행하신 일도 모두 예수님이 하나님으로부터 온 하나님의 아들이심을 드러내기 위한 것이었습니다(요 5:36). 예수님을 본 자는 하나님을 보았고 예수님을 믿는 자는 하나님을 믿는 자라고 동일화 시킨 예수님의 말씀은 곧 자신이 주되심을 증거하는 것이었습니다. 예수님이 오시기 전에 이미 있었던 구약성경도 역시 예수님에 대한 증거였음을 성경은 말해 주고 있습니다(요 5:39).

신약은 예수님이 그리스도시요 하나님의 아들이심을 증거하였고, 또한 그가 고난당하시고 십자가에 죽으셨다가 부활하시어 승천하시고 다시 재림하시는 것을 알리고 있습니다.

복음 전도

1. 복음 전도는 그리스도인의 보편적인 일이요 필수적인 의무사항입니다.

이것은 주님의 종으로 부름 받은 모든 그리스도인에게 해당되는 일입니다. 피로 값주고 산 사람 모두가 복음의 빚을 졌기에 다른 사람에게 복음을 전해야 합니다.

2. 복음 전도는 그리스도의 사역과 의미에 초점을 맞추어야 합니다.

복음에는 능력이 있고 믿음으로 믿음에 이르게 하는 구원을 가져다줍니다. 우리는 복음을 전해야지 인간의 경험이나 생각을 전해서는 안됩니다.

3. 복음 전도는 성령님의 강권적인 도우심 안에서만 가능합니다.

인간의 능력만으로는 복음 전도가 불가능합니다. 하나님의 임재 속에 성령께서 역사하셔야만 그 능력은 일어나고 새생명은 시작될 수 있습니다. 증거의 일을 가능하게 하시는 분은 오직 성령님이십니다.

"당신은 예수 그리스도에 대해 증거자인가, 아니면 예수 그리스도에 대해 변호자인가?"

이 질문은 중요합니다.

우리는 그리스도인이 아니면서 그리스도에 대해 변호할 수 있고 말할 수 있습니다. 어쩌면 놀라울 정도로 분명하고 확실하게 말할 수 있습니다. 이것은 그리스도를 체험하지 않고도 할 수 있는 일입니다. 그리스도를 직접 만나지 않고도 그리스도에 대해 잘 변호할 수 있습니다.

우리 가운데 이런 사람이 많습니다. 자신은 예수를 구주로 인정하지 않으면서도 예수를 구주로 말할 수 있습니다. "어떤 분"으로서 누구보다 잘 이야기할 수 있습니다. 그러나 그것은 언제나 그리스도 밖에 있는 이야기입니다. 그리스도인은 변호자가 되어서는 안됩니다.

우리 주님은 "내 증인이 되리라"고 말씀하셨습니다. 변호자는 어디까지나 일차적인 책임을 지지 않습니다. 그러나 증거자는 일차적인 책임을 함께 감수하는 사람입니다. 예수님의 제자들은 증거자였습니다. 그렇기에 그들은 순교자로 살 수 있었고 끝까지 충성할 수 있었습니다. 예수 안에 사는 자, 자기 안에 그리스도가 사는 사람은 변호자가 아닌 증거자가 되어야 합니다.

증거하는 일은 대단히 중요합니다. 물론 어려움도 동반합니다. 증거자는 자기의 말에 분명한 책임을 지고 그것에 자신의 목숨을 겁니다. 그리스도가 죽을 때 함께 죽고 그리스도가 살 때 함께 사는 자가 증거자입니다. 하나님은 오늘도 예수 그리스도의 증거자로 살아가기를 원하십니다. 물론 이 일은 자기 힘으로 되는 것이 아닌 성령의 능력이 함께 할 때 가능한 일입니다.

사마리아 여인의 전도

본문 말씀 : 요한복음 4:27-42

삶의 나눔

1. 다음의 사람을 전도한다면 어떤 방법으로 할 수 있습니까?

예문

- 성별: 남자   - 때: 오후 2시경
- 나이: 40대   - 만난 장소: 공원 벤치
- 상황: 공원 벤치에 혼자 앉아 담배를 피우면서 외롭게 고민에 빠져 있는 듯합니다. 하늘을 쳐다보면서 무언가 골똘히 생각하고 한숨을 쉬기도 합니다.

2. 접근할 수 있는 전도의 과정을 말해 보십시오. 각자 말해 보고 서로 의견을 비교해 보십시오. 또 가장 좋은 내용을 정리해 보십시오.

─도입:

─본론:

─결론:

─사후조치:

말씀의 살핌

07

본문의 내용

본문은 예수님께서 제자들과 한 동네에 들어가서 사마리아 여인을 만난 이야기입니다. 제자들이 동네에 먹을 것을 사러 간 사이에 예수님은 한 여인을 전도하셨습니다. 예수님의 전도로 변화된 사마리아 여인은 동네에 들어가 전도하셨습니다.

용어 설명

—이상히 여겼으나(27): 유대인의 율례와 탈무드에서는 랍비가 여자들과 공적인 이야기를 하거나 가르치는 것이 금지되었습니다. 이런 일에 대해 제자들이 이상하게 여긴 것은 당연한 일이었습니다.

—넉 달이 지나야 추수할 때가 이르겠다(35): 유대인의 속담 중에 하나라고 여겨집니다. 추수때를 기다린다는 뜻입니다.

---

1. 사마리아 여인은 예수님을 만난 후 새롭게 변화되었는데 그 모습을 말해 보십시오.(28)

2. 여인은 예수님을 누구라고 소개했습니까?(29)

3. 여인의 말을 들은 사람들의 반응은 무엇입니까?(30)

4. 예수님이 잡수실 양식은 구체적으로 무엇이었습니까?(33-34)

5. 예수님은 추수할 곡식을 보시고 영적인 의미를 말씀하셨는데 그 내용은 무엇입니까?(35)

6. 37-38절은 복음 전도의 어떤 면을 보여주고 있습니까?

7. 주님에 대한 여인의 증거를 듣고 많은 사마리아인들은 어떻게 하였습니까?(39)

8. 사마리아인들이 예수님께 나아와 청한 내용은 무엇입니까? 그로 인하여 그들은 어떤 유익을 얻었습니까?(40-41)

9. 사마리아 여인을 통해 예수님을 직접 만나고 또 예수님의 말씀을 들은 그들의 마지막 고백은 무엇입니까?(42)

07

말씀의 깨달음

1. 사람은 생각과 관심에 따라 행동합니다. 본문을 통해 제자들과 예수님이 어떻게 서로 다른 생각을 했는지 말해 보십시오. 왜 그렇게 되었는지 그 이유를 말해 보십시오.

2. 전도는 뿌리는 자와 거두는 자가 각각 다르게 나타납니다. 그러나 그들은 복음 전도에 있어서 동역자입니다. 혼자로는 안 됩니다. 서로가 힘을 모아야 합니다. 이것이 복음 전도에 주는 영적 교훈은 무엇입니까?

3. 예수님을 만나서 구원을 받은 한 이방 여인이 나아가서 많은 사람을 전도하게 되었습니다. 예수님과 여자의 전도하는 모습을 통해 발견되는 전도의 원리와 교훈을 정리해 보십시오(참고, 요 4:12-14).

말씀의 적용

1. 여자가 물동이를 버려두고 동네에 들어가서 전도했습니다. 나는 이 여자를 통하여 어떤 도전을 받습니까? 나에게 전도를 방해하는 걸림돌은 무엇인지 말해 보십시오.

2. 우리는 사람을 대할 때 언제나 육적인 것보다는 영적인 것을 보아야 합니다. 이것이 전도자의 자세입니다. 그들이 가지고 있는 영적인 문제에 관심을 가지면서 접근하면 전도의 길이 열립니다. 나는 사람을 어떻게 대합니까? 지옥의 불구덩이에 들어가는 것 같은 느낌을 가지고 믿지 않는 사람을 바라보고 있는지 말해 보십시오.

3. 복음을 영접했으면서도 사마리아 여인처럼 나가서 담대히 전도하지 못하는 이유는 무엇이라고 생각합니까? 전도하다가 실패한 경우가 있으면 말해 보십시오.

묵상의 글

로버트 쿨만의 《예수님의 전도 방법》이라는 책을 보면 이런 글이
있습니다.

우리가 만일 그의 일을 하고 또 그의 가르치심을 실천하려면
우리 안에 그의 생명이 있어야만 합니다. 이것이 없이는 어
떠한 전도 일도 무의미하며 무기력합니다. 오직 우리 안에
계신 그리스도의 영이 이들을 높일 때에만 사람들이 아버지
께로 끌리게 됩니다.
물론 우리는 우리 스스로가 갖고 있지 않은 것을 나누어 줄
수 없습니다. 그리스도 안에 있는 생명을 나누어 줄 수 있는
능력이 있다는 것은 그 생명을 소유했다는 증거입니다. 우리
는 그리스도의 영 안에서 소유하고 있는 것을 간직하고 있으
면서도 나누어 주지 않을 수는 없습니다. 하나님의 영은 항
상 그리스도를 알리기를 고집하십니다. 여기에 인생의 큰 역
설이 있습니다. 우리는 그리스도 안에서 살기 위해 자신에
대하여 죽어야만 하며 자신을 부정하면서 자신을 주님에 대
한 봉사와 헌신으로 내주어야 합니다. 이것이 예수님의 전도

방법이었습니다. 처음엔 소수의 추종자들만이 보았지만 그
들을 통하여 그 방법은 세상을 정복하는 하나님의 능력이 되
었습니다.

한 사람에게 우리의 관심을 가지고 그에게 복음의 씨앗을 심어주
면 그 씨앗은 놀라울 정도로 번져나가 수많은 열매를 맺게 될 것
입니다. 왜냐하면 씨는 생명이기 때문입니다.

함께 기도하기

1. 전도의 방해물을 제거할 수 있는 믿음을 주소서.
2. 모든 것을 영적인 눈으로 바라보게 하소서.
3. 전도의 능력을 주옵소서.

08 두려워 말고 전파하라

본문 말씀 : 마태복음 10:16-33

삶의 나눔

1. 위 그림을 보고 나름대로 이야기를 꾸며 보십시오.

2. 서로의 이야기를 토대로 느낌을 나누어 보십시오.

말씀의 살핌

본문의 배경

본문은 예수님의 열두 제자를 파송하는 교훈이 이어져 있는 내용입니다. 복음 박해에 대한 예언의 내용을 담고 있습니다. 주님은 그리스도인이 이러한 박해에 대해 어떻게 취해야 하는지 제자들을 통하여 말씀을 하고 있습니다.

용어 설명

—아버지의 영(20): 성령을 뜻합니다.

—나중(22): 그리스도의 재림의 날을 말합니다.

—이 동네에서 저 동네로 피하라(23): 비겁한 도망이 아니라 때를 알아 피하고 죽을 때 죽는 것을 말합니다.

—바알세불(25): 유대인들이 사단을 경멸하기 위해 부르는 이름으로 마귀의 왕입니다.

—앗사리온(29): 동전의 이름으로 10분의 1드라크마에 해당됩니다. 로마에서 사용되던 소액의 동전입니다.

----

1. 예수님이 제자들을 파송할 때의 심정이 어떠했는지 말해 보십시오. 또 복음을 증거함에 있어서 꼭 증거해야 하는 기도제목이 있다면 그것은 무엇입니까?(16)

2. 복음 전도를 함에 있어서 당연히 겪어야 할 것이 있습니다. 우리가 이것을 알고 행하면 복이 있는데 그것은 무엇입니까?(17-23)

3. 전도에는 믿음이 있어야 합니다. 그렇지 않으면 중간에 포기하고 맙니다. 우리들이 복음을 전할 때 닥치는 어려움이 있습니다. 이때마다 우리는 어떻게 문제를 해결해야 합니까?(19-20)

4. 당시 사람들에게 예수님은 무엇이라 비난을 받았습니까?(25)

5. 그리스도인들은 세상의 비난에 대해서 어떤 태도를 취해야 합니까?(26-27)

6. 우리들이 정작 두려워하고 경계해야 할 대상은 누구입니까?(28)

7. 우리가 복음을 전할 때 세상 사람이나 주위 환경을 두려워하지 말아야 할 이유를 찾아 보십시오.(29-31)

8. 증인은 그리스도가 주님 되심을 시인하고 그것을 믿는다고 자신 있게 말할 수 있는 사람입니다. 손해를 감수하고 이런 증인된 삶을 살 때 하늘에서 어떤 축복을 받게 됩니까?(32-33)

말씀의 깨달음

1. 복음 전파는 그리스도인의 필연적인 사명입니다. 복음 전파란 구체적으로 무엇입니까? 그리고 그것이 왜 우리가 목숨을 걸어야 하는 것인지 말해 보십시오.(참고. 마 4:17; 막 1:15, 38; 요 3:16)

2. 복음 전파에는 핍박과 고난이 당연히 따르게 됩니다. 왜 그렇다고 보는지 이유를 말해 보십시오.(참고. 딤후 3:12; 벧전 3:17)

3. "영혼을 능히 지옥에 멸하는 자를 두려워하라"(마 10:28)의 의미는 무엇입니까? 이것을 전도에 어떻게 적용할 수 있습니까?(참고, 엡 6:12; 벧전 3:14-15)

말씀의 적용

08

1. 나는 예수님을 믿고 전하는 일 때문에 어떤 어려움을 당하고 있습니까? 지금까지 당한 어려움을 통해 깨달은 은혜를 말해 보십시오.

_____

_____

2. 복음을 전할 때 두려움을 느꼈다면 그것은 무엇입니까?

_____

_____

3. 복음의 증인으로서의 삶을 살기 위해서는 어떤 것을 해결하고 포기해야 합니까? 복음을 전하는 데 있어 내가 가장 포기하기 어려운 일은 무엇입니까?

_____

_____

함께 기도하기

1. 용기 있게 전도할 수 있는 힘을 주소서.
2. 영혼을 사랑하는 마음으로 이웃에게 눈을 돌리게 하소서.
3. 끝까지 인내하면서 증인의 사명을 죽는 순간까지 다하게 하소서.

묵상의 글

히틀러 정권에 항거하다가 8년 동안 옥고를 치른 말린 미네르 목사님이 옥고를 치른 후 위대한 전쟁 백서를 발표했습니다. 그의 책 가운데 이런 간증이 나옵니다.

"전쟁이 끝날 무렵 어느 날 나는 일곱 번이나 똑같은 꿈을 꾸었다. 많은 사람들이 한 줄로 서서 하나님의 심판을 받는데 심판대 앞에 선 사람들은 한 사람도 뒤를 돌아보지 못하고 앞만 바라보고 자신의 죄를 하나님께 고백하고 용서를 구하고 있었다. 나도 그 대열에 서 있는데 어떤 한 사람이 이상하게 죄를 회개하지 않고 뒤를 돌아보면서 자주 변명을 했다. 그래서 나는 그가 누군지 자세히 바라보았다. 그런데 그가 바로 히틀러였다.

이때 하나님께서는 나에게 이런 말씀을 하셨다.

'히틀러가 이렇게 된 것은 바로 네 책임이다.'

이 말을 듣던 나는 깜짝 놀라 소스라치며 있는데 다시 음성이 들렸다.

'네가 8년 동안 히틀러 정권에 대해 항거만 했지 한번이나 그에게 전도를 했느냐? 네가 히틀러에게 전도했더라면 그가 무서운 폭군이 되어 전쟁을 일으키지 않았을 수도 있다. 전쟁을 일으킨 죄값이 바로 네가 전도하지 않는 데 있다.'"

미네르 목사님은 이 말을 듣고 가슴을 치고 통곡하면서 이 전쟁의 책임이 바로 나에게 있다고 고백하면서 이 책을 회개의 눈물로 썼습니다.

복음과 함께 고난을 받으라

본문 말씀 : 디모데후서 1:3-14

삶의 나눔

1. 다음은 '말과 돼지' 라는 우화입니다.

> 화살이 빗발치는 전쟁터에서 창을 든 병사를 등에 태운 말이 용감하게 전국을 향해 달렸습니다. 적군들은 흩어져 도망쳤습니다. 멀리서 이것을 본 돼지가 말에게 말했습니다.
> "여보게 말! 몸 조심해야지. 그러다가 다치면 어떡하나?"
> 말이 대답했습니다.
> "생각해 주는 것은 고맙네. 물론 날마다 놀고 먹다가 살이 오른 다음에 잡혀 먹힐 날을 기다리는 당신 눈에는 내가 어리석게 보이겠지. 그러나 우리는 떳떳이 죽는 명예를 생각하거든."

2. 이 우화를 읽고 나의 삶을 비교하면서 느끼는 바를 서로 나누어 보십시오.

말씀의 살핌

본서의 배경

디모데후서는 바울의 유언과도 같은 서신으로 앞으로 다가올 미래를 보면서 젊은 목회자인 디모데에게 위로와 격려를 주기 위해서 쓴 편지입니다.

본서의 특징

디모데후서는 바울이 죽기 전 쓴 마지막 서신이므로 바울의 깊은 심정이 잘 나타나 있습니다. 확고한 믿음과 끝까지 진리를 고수하며 복음 전도에 최선을 다하는 하나님의 종으로서의 모습을 그리고 있습니다.

본문의 배경

바울이 로마에서 순교를 직감하면서 쓴 서신으로서, 후에 나오는 디모데후서 3, 4장과 더불어 본문은 종말론적인 교훈을 강하게 말해 주고 있습니다. 특히 바울의 유언이라고 볼 수 있는 내용을 담고 있습니다.

용어 설명

－능력(7): 초인간적인 능력으로 하나님의 힘 자체를 뜻합니다.

－근신(7): 건전한 마음, 절제하는 마음

－아름다운 것(14): 복음을 말합니다.

---

1. 바울이 기도하는 가운데 디모데를 생각하면서 무엇을 감사했습니까?(3) 바울은 디모데의 무엇을 믿었습니까?(5)

2. 디모데가 다시 회복되기를 원한다는 말의 의미는 무엇입니까?(6)

91

3. 하나님이 우리에게 주시는 마음은 어떤 마음입니까?(7)

4. 바울은 무엇 때문에 옥에 갇혔습니까? 복음과 함께 고난을 받을 수 있는 것은 어떤 힘으로만 가능합니까?(7-8)

5. 하나님은 우리를 자기의 자녀로 삼아주시고 자기의 일을 맡기셨습니다. 우리를 향하신 하나님의 계획과 섭리는 무엇입니까?(9)

6. 예수님으로 말미암아 나타난 복음의 특징은 무엇입니까?(10)

7. 우리는 복음을 위하여 어떤 일을 부여 받았습니까?(11)

8. 우리가 전해 받은 복음을 우리는 어떻게 해야 합니까?(13-14)

말씀의 깨달음

1. 은혜와 은사는 모두 성령께서 주신다는 점에서 같습니다. 은혜는 모든 믿는 자에게 주어지는 보편적인 것이지만 은사는 사역의 목적에 따라 각 사람의 특성을 고려해 주어진다는 점에서 서로 다릅니다. 바울이 디모데에게 "네 속에 있는 하나님의 은사를 다시 불일 듯하게"(6)라고 한 것은 은사와 관련하며 어떤 의미입니까?(참고, 고전 12:4-10; 엡 4: 7-12)

2. 고난과 핍박이 강할수록 복음은 더 확장됩니다. 능력과 역사는 오히려 더 나타나고 교회는 부흥했습니다. 복음과 고난의 관계를 말해 보십시오.(참고, 딤후 1:8, 12; 고후 11:23-27; 롬 1:16)

3. 복음 증거는 영원한 것으로 썩지 않는 생명을 심는 것과 같습니다. 복음 전하는 사람이 가져야 할 꼭 필요한 능력은 어떤 것들인지 말해 보십시오.(참고, 행 1:8; 마 28:18-20)

말씀의 적용

09

1. 나의 은사 중 전도의 열정이 얼마나 있다고 생각합니까? 나는 그것을 개발하기 위하여 어떻게 해야 합니까? 나의 주위에 복음을 들어야 할 사람들을 기록해 보십시오.

관계	이름	현재 상황

2. 복음을 전할 때 고난당했던 경험이나 부끄러워한 경우는 없었는지 말해 보십시오.

_____

_____

3. 나는 지금까지 어떤 삶을 살아왔습니까? 복음 증거와 관련하여 서로 삶을 나누어 보십시오.

_____

_____

함께 기도하기

1. 한 영혼을 사랑하는 마음을 주소서.
2. 복음을 전하다가 당하는 고난을 잘 이기게 하소서.

94

묵상의 글

모라비아 선교사 조지 스미스의 생애는 우리에게 큰 교훈을 줍니다. 그는 오직 아프리카 선교사가 되는 것이 유일한 삶의 목표였습니다.

드디어 그는 아프리카 선교를 위해 배를 타고 힘차게 떠났습니다. 그러나 아프리카에 상륙하여 몇 개월 만에 단지 늙은 여인 하나를 전도하고 추방당하고 말았습니다. 스미스 목사는 무릎을 꿇고 아프리카를 위해 숨을 거둘 때까지 기도했습니다. 그가 죽은 지 100년 후에 그가 심은 한 알의 밀알이 싹이 나고 자라서 1,300명의 그리스도인이 그곳에서 열매를 맺었습니다.

심는 이는 사람이지만 씨가 자라나게 하시는 분은 하나님이십니다. 전도는 혼자서 하는 것이 아니고 하나님과 함께 동역하는 것입니다. 나는 복음을 전하기 위해 얼마나 고난을 감수하고 복음을 인생의 목표로 삼고 있습니까? 당장 전도의 결과가 보이지 않는다고 해서 그만 두는 일은 없었습니까? 오늘도 내가 하는 복음 전파의 일에 주님이 함께하십니다. 이것을 믿고 우리는 때를 얻든지 못 얻든지 만나는 사람에게 복음을 전해야 합니다.

개 인   점 검 표

과	일자	과제(기도, 성경읽기)	기도제목	출석유무	점검
1					
2					
3					
4					
5					
6					
7					
8					
9					
10					
11					
12					

• 과제/ 상. 중. 하

지 체 원 돌 봄 표

(   ) 지 체   이름:

번호	이름	전화	주소	1	2	3	4	5	6	7	8	9	10	11	12
지체장															
1															
2															
4															
5															
6															
7															
8															
9															
10															
11															
12															

• 지체원의 이름을 적어 서로의 출석을 체크하고 점검하면서 격려하고 보살핍니다. 지체원이기에 서로 관심을 가져야 합니다. 이런 돌봄을 통해 그리스도의 몸된 유기체적인 관계를 경험하며 그리스도의 몸을 세우게 됩니다. (전화, 방문, 편지, 배운 것 전해주기, 대화 등으로 한주간 동안에 한 번 이상씩 지체원들과 유기적인 교제를 합니다.)

중 보 기 도　일 지

이름:

번호	기도요청자	월일	기도내용	기도응답내용	응답일
1					
2					
3					
4					
5					
6					
7					
8					
9					
10					
11					
12					
13					
14					
15					

나의 간증

저자 이대희 목사

장로회 신학대학교 신학대학원(M.Div)과 연세대학교 연합신학대학원(Th.M)을 졸업하고 현재 에스라 성경대학원대학교 성경학박사(D.Liit) 과정 중이다.

예장총회교육자원부 연구원과 서울장신대학교 신학과 교수를 역임하고 서울 극동방송에서 "알기쉬운성경공부" "기독교 이해" 등 프로그램을 진행했다. 지난 20여 년 동안 성서사람·성서한국·성서교회·성서나라의 모토를 가지고 한국적 성경교육과 실천사역을 위해 집필과 세미나와 강의사역을 하고 있다. 현재 바이블미션(www.bible91.org) 대표, 꿈을주는교회 담임목사, 독수리기독중고등학교 성경교사, 강남성서신학원 외래교수, 서울장신대 겸임교수로 사역 중이다.

저서로《30분성경공부시리즈》《투데이성경공부시리즈》《아름다운 십대성경공부시리즈》《이야기대화식성경연구》《성경통독을 위한 11가지 리딩포인트》《심방설교 이렇게 준비하라》《예수님은 어떻게 교육했을까?》《1% 가능성을 성공으로 바꾼 사람들》《자녀를 거인으로 우뚝 세우는 침상기도》《하룻밤에 배우는 쉬운 기도》《하나님 이것이 궁금해요》《크리스천이 꼭 알아야 할 100문 100답》 등 100여 권이 있다.

변화된 사람

엔 크 리 스 토　제 자 양 육 성 경 공 부　5　－　사 역 과 정

초판1쇄 발행일 | 2008년 6월 20일

지은이 | 이대희
펴낸이 | 박종태
펴낸곳 | 엔크리스토
마케팅 | 정문구, 강한덕, 신주철
관리부 | 이태경, 박재영, 맹정애, 강지선

출판등록 | 2004년 12월 8일(제2004-116호)
주　소 | 경기도 고양시 일산동구 장항동 568-17
전　화 | (031) 907-0696
팩　스 | (031) 905-3927
이메일 | visionbooks@hanmail.net
공급처 | 비전북 전화 (031) 907-3927 팩스 (031) 905-3927

ISBN 978-89-92027-50-2 04230

값 3,000원

엔크리스토 성경 공부 양육 과정

투데이 성경공부

평생 성경공부할 수 있도록 구성한 시리즈. 주제별로 구성되어 있어 각 교회의 상황에 맞게 커리큘럼을 재구성하여 사용할 수 있다.

101 신앙기초(전 9권 완간) | **201 예수제자**(전 9권 완간) | **301 새생활**(전 12권 완간)
601 성경개관(전 10권 완간) | **401·501·701** 발간 예정

30분 성경공부

신앙생활의 기초를 다루었으며 신앙의 전체 그림을 그릴 수 있는
2년 과정의 소그룹 성경교재다. 성경공부를 시작할 때 사용하면 효과적이다.

믿음편 | 기초 · 성숙   **생활편** | 개인 · 영성 · 교회 · 가정 · 이웃 · 일터 · 사회 · 세계
성경탐구편 | 창조시대 · 족장시대 · 출애굽시대 · 광야시대 · 정복시대/사사시대 · 통일왕국시대 ·
분열왕국시대 · 포로시대/포로귀환시대 · 복음서시대1 · 복음서시대2 · 초대교회시대 · 서신서시대

아름다운 십대 성경공부

십대들이 꼭 알아야 할 성경의 핵심내용과 기독교적 가치관, 세계관을 정립하는 데 필요한 핵심주제를 담고 있으며, 3년 과정으로 구성되었다.

101 자기정체성 · 복음 만남 · 신앙생활 · 멋진 사춘기 · 예수의 사람(전 5권)
201 가치관 · 믿음뼈대 · 십대생활 · 유혹탈출 · 하나님의 사랑(전 5권)
301 비전과 진로 · 신앙원리 · 생활열매 · 인생수업 · 성령의 사람(전 5권)

책별 성경공부

성경 전체 66권을 각 권별로 자유롭게 선택하여 사용할 수 있는 성경공부.
성경 전체를 체계적으로 연구할 수 있다.

창세기 1 · 2 · 3 · 4, 느헤미야, 요한복음 1 · 2, 로마서, 에스더, 다니엘, 사도행전 1 · 2 · 3
(계속 발간됩니다)

＊지도자를 위한 지침서
• 이야기대화식 성경연구 | 이대희 지음 | 10,000원

• 인도자 지침서(십대 성경공부 101시리즈) | 이대희 지음 | 10,000원
• 인도자 지침서(십대 성경공부 201시리즈) | 이대희 지음 | 10,000원
• 인도자 지침서(십대 성경공부 301시리즈) | 이대희 지음 | 10,000원
• 인도자 지침서(30분 성경공부 믿음편 기초, 성숙 | 생활편 개인, 교회)
 | 이대희 지음 | 10,000원

특 징

성경 66권을 쉽고 재미있게, 깊이 있게 배우면서 한국적 토양에 맞는 현장과 삶에 적용하는 한국적 성경전문학교

모집과정(반별로 2시간씩이며 선택 수강 가능)

- 성경주제반: 성경의 중요한 핵심 주제를 소그룹의 토의와 질문을 통하여 배운다.(투데이성경공부/30분성경공부)
- 성경개관반: 66권의 성경 전체의 맥과 흐름을 일관성 있게 잡아준다.(잘 정리된 그림과 도표와 본문 사용)
- 성경책별반: 66권의 책을 구약과 신약 한 권씩 선정하여 워크숍 중심으로 학기마다 연구한다.(3년 과정)

모집대상

목회자반/ 신학생반/ 평신도반(교사, 부모, 소그룹 양육리더, 구역장, 중직)

시 간

월요일(오전 10시 30분~오후 5시 30분/ 개관반 · 책별반 · 주제반)

수업학제

겨울학기 : 12~2월 | 봄학기 : 3~6월 | 여름학기 : 7~8월 | 가을학기 9~11월
(자세한 내용은 홈페이지 참조 요망. 학기마다 사정에 따라 일자가 변경될 수 있음)

수업의 특징

- 이야기대화식 성경연구방법으로 12주(3개월 과정) 진행
- 전달이나 주입식이 아닌 성경 보는 눈을 열어주고 경험하게 하면서 성경의 보화를 스스로 캐는 능력을 터득하게 하는 방법을 지향하며 소그룹 워크숍 형태로 진행

강사 : 이대희 목사와 현직 성서학 교수와 현장 성경전문 강사

장소 : 바이블미션
서울시 송파구 가락동 96-5(지하철 8호선 가락시장역)

신청 : 개강 1주일 전까지 선착순 접수(담당 : 채금령 연구간사)

문의 : 바이블미션–엔크리스토 성경대학(016-731-9078, 02-403-0196)
(홈페이지 www.bible91.org)